헬로우 붓다

헬로우" 붓다

뉴욕 불광선원   황찬익 · 수경 지음 ————

클리어마인드
CLEARMIND

목 차

해외포교 선구자 스님들
미국 속의 한국불교 발자취

조선시대 500년 동안 암흑기를 거쳤던 한국불교는 일제강점기 다시 일본불교와 통합하려는 시도에 맞서 우리 불교 고유의 전통을 지키려는 노력을 지속해왔다. 1945년 해방과 1950년 한국전쟁을 거치고 겨우 숨을 돌릴 여유를 갖자 곧바로 제기된 문제가 왜색불교 청산을 기치로 삼은 불교정화운동이었다.

1956년, 불교정화운동이 시작된 직후여서 비구승 지도자들은 매우 바쁠 때였다. 그 가운데서도 핵심지도자라 할 수 있는 효봉, 동산, 청담 스님 등은 같은 해 11월 14일부터 12월 15일까지 한 달 동안 네팔에서 개최된 제4차 세계불교도대회에 참석하게 된다.

뒤에 청담 스님 스스로가 "혜초 스님 이래 처음으로 한국승려가 인도 불적을 견문하고 이를 기록으로 남긴 것"이라고 했듯이, 이때 세 스님의 인도 방문은 해방 후 한국불교가 국제무대에 첫발을 디딘 이정표가 되는 방문이었다. 내부적으로는 한국불교를 대표하는 승가의 대표자들이 부처님 계율 정신에 비춰봐서 손색이 없는 비구승임을 국제적으로도 드러내고자 하는 의도도 있었다.

하지만 어려움은 곳곳에 도사리고 있었다. 120만 환이라는 당시로서는 적지 않은 금액을 몇몇 수행자들로서는 도저히 충당할 수 없어서 빚을 내서 여행 경비를 조달했다. 통역을 담당하기로 한 사람도 현지에서 갑자기 사라져서 한국불교를 대표하는 고승 세 분이 낯선 이국땅 공항에서 오도 가도 못하는 신세가 되기도 했다.

(청담 스님, 《청담필영》, 2004)

국제무대에 내디딘 첫발은 이렇듯 열악하고 성공적이지 못했다. 그 뒤로 60년이 지났다. 세계무대에서 한국이란 나라 전체가 거두고 있는 위상에는 못 미치지만 한국불교도 점차 대승불교의 전통을 가장 잘 간직하고 있는 종단이라는 인정을 받고 있기도 하다.

이런 인정이 있기까지 해외포교의 선지자들이 기울인 노력은 말로 다하지 못할 과정을 거쳤다. 하나하나의 사례는 눈물겹기까지 하다. 1960년대 처음 유학승 신분으로 한국 사찰을 만들기도 하고 1970년에는 스님이 세탁소에서 파트타임 잡일을 하면서 포교에 나서기도 했다.

아직은 충분히 만족할 만한 성과를 거두었다고 할 수 없지만 지금의 성과가 있기까지 지난 50여 년 동안 쏟았던 해외포교에 나섰던 선지식들과 현지 신도들의 헌신에 대해 한번쯤 회고해 보면서 한국불교가 우물안 개구리처럼 한국이란 좁은 틀 안에만 갇혀 있는 것은 아닌지 반성하는 계기로 삼았으면 한다.

최초의 한국 법당 개원

미국 땅에 처음 한국불교가 전해진 것은
아마도 1900년대 하와이 교민들이 이민
1세대로 정착하면서부터일 터이지만, 미
국 본토에 승려 신분으로 처음 발을 디딘
사람은 1964년 서경보 스님이다. 비록 교
환교수 혹은 유학생 신분이어서 본격적
인 한국불교 포교로 보기에는 부족한 점
이 있지만, 서경보 스님은 교포들의 도움
을 받아 1966년 필라델피아에 조계선원
이란 간판을 붙인 미주 지역 최초의 한국
법당을 개원한다.

이후 서경보 스님이 템플대학교에서 박사학위를 수여받아 귀국하면서 지속적인 활동이 이뤄지진 않았지만 뒤에 더 많은 한국 스님들이 미국으로 건너가는 물꼬가 되었다는 점에서 의미가 있다.

서경보 스님 이후 미국포교에 나선 스님은 1967년 8월 뉴욕에 선련사를 건립한 삼우 스님이다. 삼우 스님은 경남 진주 출신으로 1941년 범어사 동산 스님에게 출가해서 일본 임제종을 거쳐 미국에 정착한 스님으로 1967년 8월 뉴욕에 도착했다. 맨해튼 42번가 방 1개짜리 아파트를 얻은 스님은 UPS배달회사에 들어가 낮에는 일을 하고 밤에는 미국 사람을 대상으로 참선을 가르쳤다고 한다.

비자 만료 기간이 다 되자 삼우 스님은 1968년 2월 캐나다 몬트리올로 떠나 멕길대 철학과 교수들과 시민운동을 펼쳤다. 당시 베트남전쟁에 반대하는 젊은이들을 대상으로 시민선방을 만들고 그곳 학생들이 참선으로 마음을 다스릴 수 있도록 하면서 포교에 나섰다.

1979년 토론토에 선련사禪蓮寺를 건립하고 이후 토론토뿐만 아니라 미국 동부 지역으로 활동의 영역을 확대하면서 1981년에는 미국 미시간 주에서 자혜불교회(Buddhist Society for Compassionate Wisdom)를 설립했으며, 1991년에는 시카고와 멕시코의 멕시코시티에도 선원지부를 설립하면서 독자적인 교세를 유지하고 있다고 한다.

하지만 앞서의 서경보 스님이나 삼우 스님 모두 독자적인 종단을 설립하거나 국내의 종단과 긴밀하게 연계된 활동을 하지 못함으로써 초창기 어렵게 시작해서 거둔 성과가 한국불교 전체의 성과로 회향되지 못하고 지속되지 못하거나 개인의 성과에 머무는 한계를 보였다.

쥐와 고양이 혹은 꽃과 나비

숭산 스님의 미국행은 앞서 1960년대 일
찍이 미국에 발을 내디딘 서경보 스님과
삼우 스님보다 5년에서 8년 정도 늦었다.

1927년 평안남도 순천에서 출생한 숭
산 스님은 일제강점기가 끝나갈 무렵인
1944년에 독립운동에 가담했다가 일본
헌병대에 끌려가 수감생활을 하기도 했
고, 부모님 돈을 훔쳐 만주로 건너가 독립
운동을 하려다 실패하기도 했다.

그러는 동안 일본은 연합군에 패망을 하게 되고 민족은 해방을 맞게 된다. 그때까지 숭산 스님이 삶의 목표로 삼았던 독립운동도 허무하게 막을 내리게 되었다. 숭산 스님은 이제까지의 삶의 목표를 전혀 다른 방향에서 찾았다. 진리를 깨닫기 전에는 다시 돌아오지 않을 것을 맹세하면서 입산하게 된다.

그때 작은 암자에서 수행 중이던 스님 친구가 숭산 스님에게 《금강경》을 줬다.

"무릇 모양이 있는 모든 것은 모두 허망한 것이다. 만일 모든 모양이 있는 것이 모양이 아님을 알면 그가 곧 부처니라 (凡所有相 皆是虛妄 若見諸相非相 卽見如來)."

동서양 철학을 두루 섭렵했지만 이 구절이 마음에 가장 와 닿았다. 숭산 스님은 《금강경》을 읽고 또 읽었다. 그때 한 스님이 숭산 스님이 머물던 절에 들렀다.

"학생, 무슨 책을 그리 열심히 읽나?"

"금강경입니다."

"금강경? 그건 왜 읽지?"

"불교를 이해하려고 읽습니다."

"어허, 불교는 이해하는 것이 아니여.
 불교는 잊어버리는 것이지."

알듯 모를 듯한 그 스님의 말에 끌려서 숭산 스님은 결국 1947년 10월 출가했다. 출가한 후 곧바로 100일 동안 목숨을 건 기도정진에 들어가고 신비한 체험을 하게 된다. 그 후 스님은 산을 내려와 만공 선사의 가르침을 받았던 고봉 스님을 만난다.

숭산 스님은 자신의 체험을 고봉 스님에게 점검 받고 싶어서 목탁을 들고 찾아갔다. 숭산 스님은 고봉 스님 앞에 다짜고짜 목탁을 내밀며, "이것이 무엇입니까?" 하고 물었다. 고봉 스님은 말없이 목탁 채를 집어서 목탁을 쳤다.

이후 몇 마디 대화가 오가고 숭산 스님은 은산철벽같이 눈앞을 막아서는 의심덩어리를 안게 된다.

"어떻게 참선해야 합니까?"
"한 스님이 조주 선사에게 묻기를 '달마 대사가 서쪽으로 온 까닭은 무엇입니까?' 했더니 조주 선사가 '뜰 앞의 잣나무니라' 라고 했다. 이것이 무슨 뜻이냐?"
"모릅니다."
"모르면 의심덩어리를 끌고 나가라. 이것이 바로 참선 수행법이다."

그 해 봄과 여름 동안 숭산 스님은 항상 마음속 의문덩어리와 씨름을 했다. 그러던 어느 날이었다. 숭산 스님은 부엌으로 들어가 놋사발과 냄비를 모두 꺼내 앞마당에 둥그렇게 늘어놓았다. 그 다음 날에는 법당에 들어가 부처님을 돌려서 벽을 바라보게 하기도 하고, 향로를 내와서 감나무 가지 위에 걸어놓기도 했다. 셋째 날에는 견성암으로 올라가 비구니 스님들 고무신을 몽땅 가져다가 노스님 방 댓돌 위에 늘어놓기도 했다.

다음 날 숭산 스님은 대중들 앞에서 대중공사를 받게 됐다. 기행으로 이름 난 경허, 만공스님의 덕숭문중에서는 숭산 스님이 3일 동안 벌인 그 정도 소란은 너그럽게 이해해줬다. 문중 어른스님들을 찾아가 참회하는 조건으로 쫓아내지는 않기로 결정했다.

참회하러 어른스님을 찾아 나서서 처음 덕산 스님께 절을 올리자 덕산 스님은 공부 열심히 하라며 오히려 격려해 주셨다. 다음으로 견성암 비구니 원로스님을 찾아가니 비구니스님은 크게 꾸짖었다.

세 번째 찾아간 스님이 바로 만해 스님의
유일한 상좌로 알려진 춘성 스님이었다.
거친 욕설과 행동으로 유명했던 춘성 스
님이었다. 숭산 스님은 조심스레 절을 한
뒤 대뜸 물었다.

"제가 어젯밤 삼세제불을 다 죽였습니다. 지금 장사를 지내려고 도반을 구하는 중이온데, 스님 어떻게 하시겠습니까?"

"아, 그래? 네가 본 것이 무엇이냐?"

"밖에 눈이 하얗지 않습니까?"

"이 사람 큰일 낼 사람이네. 그래 밖에 눈이 하얀데 그 눈 속에 불이 붙는 소식을 아는고?"

"왜 구멍 없는 젓대소리를 하십니까?"

"아하! 행원이가 견성을 했다! 견성을 했어!"

춘성 스님은 자리에서 벌떡 일어나서 춤을 추면서 소리쳤다. 그 소식은 삽시간에 수덕사 전체에 퍼졌다.

마침내 그해 동안거가 끝나고 숭산 스님은 당대 최고의 수행자로 꼽히던 고봉 스님을 찾아 서울로 길을 떠났다. 서울로 올라가는 길에 숭산 스님은 금봉 스님과 금오 스님을 만나서, 그 스님들로부터도 인가를 받았다. 숭산 스님은 고봉 스님을 뵙자 절을 올리며 말했다.

"제가 어제 저녁에 삼세제불을 다 죽였기 때문에 송장을 치우고 오는 길입니다."

"내가 그걸 어떻게 믿을 수 있느냐?"

숭산 스님은 걸망에서 오징어 한 마리와 소주 한 병을 꺼냈다.

"송장을 치우고 남은 것이 있어서 이렇게 가지고 왔습니다."

"그럼, 한 잔 따라봐라."

"잔을 내 주십시오."

고봉 스님은 말없이 손바닥을 내밀었다. 그러자 숭산 스님은 술병으로 고봉 스님의 손을 치우고 장판 위에 술병을 내려놓았다.

"이게 스님의 손이지 술잔입니까?"

고봉 스님이 빙긋이 웃고 말했다.

"나쁘지 않다. 네가 공부를 좀 하긴 했지만 몇 가지를 더 묻겠다."

고봉 스님은 1,700가지 공안 가운데 몇 가지를 물었다. 숭산 스님은 막힘없이 모두 대답했다.

"쥐가 고양이 밥을 먹다가 밥그릇이 깨졌다. 이게 무슨 뜻이냐?"
"하늘은 푸르고 물은 흘러갑니다."
"아니다! 다시 일러라."

숭산 스님은 정신이 번쩍 들었다. 몇 차례 더 대답을 했지만 고봉 스님은 고개를 가로젓기만 했다.

"춘성 스님, 금봉 스님, 금오 스님도 모두 저에게 인가를 해 주셨는데, 왜 스님만 아니라고 하시는 겁니까?"
"무슨 뜻이냐? 말해라!"

이후 한 시간 가까이 숭산 스님은 고봉 스님을 노려보기만 했다. 이윽고 숭산 스님이 한 마디 일렀다.

고봉 스님은 이 말을 듣자마자 순간 눈에 눈물이 고였다. 얼굴에 저절로 기쁜 미소가 흐르면서 숭산 스님을 끌어안으며 말했다.

"네가 꽃이 피었는데, 내가 왜 네 나비 노릇을 못하겠느냐?"

숭산 스님과 초창기 해외포교

이때가 1949년, 숭산 스님이 22세였을 때였다. 수덕사에서 고봉 스님에게 비구계를 수지한 후 수덕사 선방과 마곡사 강원에서 수년을 보낸 숭산 스님은 1952년 육군 장교로 입대해서 1957년 예편 후 다음해 바로 화계사 주지로 부임한다.

조계종 종회의원, 총무부장, 대한불교신문사 초대 사장 등의 요직을 역임하면서 정화불사에 나섰던 스님은 1966년 한일 국교정상화가 이루어지자 곧바로 일본 내 한국 사찰을 건립해서 종단 사상 첫 해외포교 성과였던 일본 홍법원을 만들어 초대 홍법원장으로 취임하게 된다. 이후 이 일본 홍법원은 1969년 홍콩 홍법원, 1972년 미국 홍법원으로 확대되었다.

1968년부터 발효된 '케네디 이민법'은
미국 내 우리나라를 비롯한 동양인 이민
자가 급증하는 계기가 된다. 이때부터 이
민자 수에 비례해서 미국 내 한국불교도
의 수가 급증하게 되는데, 숭산 스님의 미
국 홍법원은 그런 현상에 따른 결과물이
었다.

숭산 스님이 미국으로 건너가기 전 기업인이었던 덕산 이한상 거사가 1969년 미국 샌프란시스코 근교 카멜에 터를 잡고 1970년부터 공사를 시작해서 1973년 1월에 완성한 삼보사가 있었다. 이 삼보사 개원법회에 방문했던 송광사 구산 스님은 이 인연으로 송광사에 국제선원을 개설해서 많은 외국인 수행자를 유치하기도 했다. UCLA에서 한국학과 불교학을 가르치는 세계적 불교학자 로버트 버스웰을 비롯해서 14년간 50여 명의 제자를 배출했다.

1972년 4월, 숭산 스님은 미국 구경이나 한번 하고 돌아오겠다는 단순한 동기로 미국 유람에 나섰다. 비행기 안에서 우연히 만난 로드아일랜드 주립대학교 김정선 교수의 안내로 맨해튼에서 참선 공부하고 있는 미국인들을 보게 된다. 숭산 스님은 이역만리 낯선 미국에서 서양인들이 진지하게 참선하는 모습에서 깊은 감명을 받았다.

김정선 교수의 도움으로 로드아일랜드 프로비던스 근처에 방을 얻고 영어를 배우면서 포교 준비에 매진했다. 숭산 스님은 김정선 교수가 운영하던 세탁소에서 기계를 고치는 일을 했는데, 마침 인근 브라운대학에서 동양문명사를 가르치던 리오 프루덴 교수가 손님으로 왔다가 스님을 만나고는 자신의 학생들에게 특강해 주실 것을 부탁하게 된다.

숭산 스님이 일본어로 강의하면 일본어에 능통했던 리오 교수가 통역하는 식으로 이루어진 강의는 성공적이었다. 학생들이 모여들었다. 새벽예불과 108참회, 참선 등으로 짜여진 일과를 소화하면서 처음에는 10명 정도로 시작해서 그 해 여름에는 40-50명으로 인원이 늘었다.

40-50명으로 늘어난 학생들을 상대로 숭산 스님은 어눌한 영어로 문답식 법문을 했다. "World is one flower", "Everything is nothing", "Mountain is mountain. Water is water" 식으로 쉽고도 단순한 진리를 다시금 생각하게 하는 숭산 스님의 법문은 동서 데탕트 시기 혼란스러웠던 미국 젊은이들에게 매우 인기가 많았다.

대광, 무심, 현각 등 아이비리그의 명문대학교를 졸업한 젊은이들이 숭산 스님의 법문을 듣고 한국불교에 귀의했다. 일본의 한 신도는 숭산 스님의 소문을 듣고 프로비던스에 절을 지어 시주하기도 했다.

"그런데 오늘 숭산 스님이 여기 와서 이렇게 포교, 수도하신 지가 10주년 됐습니다. 그 동안 가난한 것을 익히고, 가난한 그 자리를 체험하고 가난한 그 소식을 여러분에게 가르쳐 주시는 양반인데 어떻게 이렇게 부자가 됐을까요? 땅을 7만 평이나 가지고 있고 여러 대중 수천 명을 이렇게 모아 놓고 있으니 얼마나 부자가 됐습니까? 그러나 참말로 가진 거 하나도 없이 가난했기 때문에 이렇게 숭산 선사는 부자가 된 것이 올시다. 허공은 아무것도 가진 것이 없이 지극히 가난하기 때문에 우주 삼라만상을 다 가지고 있는 것입니다."

– 탄허 스님, 〈미국 홍법원 10주년 기념 세계평화고승대법회 초청 법문〉,
1982년 9월 15일

비단 탄허 스님이 지적한 7만 평의 프로비던스 젠센터뿐 아니라 숭산 스님은 일찍이 폴란드와 캐나다, 남아공화국, 영국, 스페인, 프랑스, 브라질, 싱가포르 등 세계 30여 개 나라 120여 군데에 선원을 개설해서 수많은 외국인 제자를 길렀다.

미국 내에만도 프로비던스 젠센터 외에 LA 달마선원, 버클리 공문사, 시애틀, 캔자스시티, 켄터키를 비롯해서 플로리다, 콜로라도, 델라웨어, 버지니아, 네바다, 위스콘신, 인디애나, 애리조나, 알칸소, 뉴햄프셔, 메인 주 등 30여 곳에 달한다.

숭산 스님 이후 미국의 한국 사찰

숭산 스님 이후에도 많은 스님들이 미국 곳곳에 절을 창건하고 교포를 상대로 한 포교활동을 시작한다. 1980년 이전에만 도 1974년에는 뉴욕에 법안 스님이, 다음 해인 1975년에는 LA에 도안 스님과 하와 이에 대원 스님이 차례로 나란히 들어와 각각 뉴욕 원각사, LA 관음사, 하와이 무 량사를 창건한다.

숭산 스님이 상대적으로 외진 보스턴을 중심으로 외국인을 상대로 포
교했다면 뉴욕과 LA, 그리고 하와이 등 교포들이 많이 모여 살았던 곳
을 중심으로 각 지역 교포사회의 구심 역할을 담당했던 사찰이 뉴욕 원
각사와 LA 관음사, 하와이 무량사다. 60-70년대를 한국불교의 미주
포교 1세대라고 할 때, 서경보 스님이나 삼우 스님, 숭산 스님부터 법안
스님, 도안 스님, 대원 스님까지를 미주포교 1세대의 주역들이라고 말
할 수 있다.

언어와 생활, 문화, 관습이 온통 낯선 미국에서 한국불교는 그렇게 뿌리를 내렸다. 지금은 미국 본토에만도 70여 곳에 달하는 한국 사찰이 있으며, 미국 전역 웬만한 큰 도시에는 한 곳 이상의 한국 사찰이 자리 잡고 한국불교를 포교하고 있다.

1960년대부터 온갖 어려움을 극복하고 미주사회에 씨앗을 뿌리고 50여 년 동안 일군 결과 지난 2011년 마침내 대한불교 조계종에서는 해외특별교구 설립을 의결하고 그 초대 교구장에 뉴욕 불광선원 휘광 스님을 임명하기에 이른다. 종단의 도움 없이 숭산 스님 개인의 노력으로 미국 홍법원이란 이름을 걸었던 때로부터 44년이 지난 후다.

미주 지역 한국사찰과 창건 연도

1972 LA 달마사

1973 카멜 삼보사

1974 시카고 불타사, LA 관음사, 뉴욕 원각사

1975 하와이 무량사, 뉴욕 조계사

1978 시카고 불심사

1979 LA 원명사

1980 캘리포니아 정혜사, LA 고려사, 샌프란시스코 여래사

1981 필라델피아 원각사, LA 보문사, 하와이 불은사, 포틀랜드 보광사

1982 LA 반야사, 시카고 봉불사, 뉴욕 연국사

1983 워싱턴 서미사, 워싱턴 반야사

1984 워싱턴 보림사, 뉴욕 백림사, 미시건 무문사

1986 캘리포니아 법왕사

1987 LA 선각사, 산호세 정원사, 달라스 보현사, 휴스턴 남선사, 애너하임 보광사

1988 시애틀 정각사

1989 미네소타 삼불사, 뉴욕 한마음선원

1990 LA 한마음선원

1991 시카고 한마음선원, LA 영산법화사

1992	보스턴 문수사, 세크라멘토 영화사, 조지아 전등사, 필라델피아 관음사, 킬린 영원사
1994	테하차피 태고사, 뉴욕 정명사, 워싱턴 한마음선원, 뉴욕 관음사
1995	플로리다 보현사
1996	**뉴욕 불광선원**, 하와이 관음사, 필라델피아 화엄사, 포틀랜드 동암사
1997	메릴랜드 보현사, 캘리포니아 미주금강선원, 산타클라라 대승사
1998	하와이 정법사, 뉴저지 혜안정사
1999	메릴랜드 법광심인당
2000	메릴랜드 무량사, 뉴욕 마하선원
2002	애리조나 감로사, 세인트루이스 불국사, 뉴저지 원적사, 뉴욕 청아사, 뉴저지 보리사, 오리건 서래사
2006	오클라호마 신흥사, 조지아 동화사
2007	애리조나 법흥사, LA 봉원사
2008	LA 안국선원, 버지니아 원등사
2010	뉴욕 대관음사, 웨스트버지니아 아란야사
2011	투산 서종사, LA 전등사, 캘리포니아 죽림정사
2012	버지니아 법화사
2013	LA 송림정사
2014	애틀랜타 부다나라

불광선원

불광선원 이야기

야단법석 불광선원

휘광 스님이 어느 날 광화문을 걸어가고 있었다. 그때 지나가던 외국인이 길을 묻자 가르쳐 주었다. 마침 그 모습을 본 중학생들이 있었다. 그들은 놀랍다는 듯, 우습다는 듯 마주보고 쑥덕였다.

"어?"
"헐!"
"스님도 영어를 하네?"

놀라기는 스님도 마찬가지였다. 20세기가 끝나가는 이 마당에 불교에, 스님에 대한 인식이 이렇다니…. 코끼리 제 코 잡고 맴돌 듯 여지껏 제자리만 지켰구나. 새싹을 틔우는 나무는 절대 죽지 않느니, 불교도 이제 새싹을 틔워야 할 때…. 그래, 한번 떠나보자! 활짝 열고 세상으로 나가보는 거야. 휘광 스님은 그날로 결심했다.

넓고 넓은 나라 미국, 뉴욕에 왔다고 맨해튼 거리를 구경시켜 주는데 별 게 없었다. 빌딩, 빌딩, 빌딩들. 그 빌딩 숲에서 시작한 게 기도였다. 휘광 스님은 목탁이 깨져라 기도하고 기도했다. 그렇게 1,000일 기도를 하고 영어도 배우고 이젠 그만 돌아갈까도 생각했다.

그러다가 절을 짓자고 마음을 고쳐먹었다. 이역만리 떠나온 이민자들 의 삶이 결코 녹록하지 않다는 걸 보았다. 뿌리째 뽑혀 낯설고 물선 땅 에 다시 뿌리를 내린다는 게 어찌 만만한 일이겠는가. 일상이 곧 수행인 사람들. 함께 부처님 발아래 모여 서로 등 기대고 맘 기대며 살아보자.

그날도 스님은 Route 303 도로를 달리고 있었다. 다니고 또 다니던 길 이었다. 그런데 For Sale 팻말이 보였다. '어, 저건 뭐지?' 가보니 미국 독립운동 당시 쓰던 건물이었다. 유령이라도 튀어나올 것 같은 건물이 었지만 터는 꽤 괜찮았다. '그래, 바로 여기다!'

쓰레기를 몇 차나 치워냈는지, 종교시설 허가를 어떻게 받아냈는지 그 때 일은 말로 다 못한다. 절레절레. 숱한 어려움을 헤치고 그해 가을, 마 침내 '대한불교조계종 뉴욕 불광선원'이 태어났다. 법당에 부처님을 모시고 옹기종기 개원법회를 여니 아, 가을햇살만큼이나 눈부신 감격의 순간이었다.

'그날, 어찌 그게 눈에 띄었을까. 인연이라니….'

어느 날, 젊은 아낙이 아기바구니를 들고 길을 나섰다. 바구니에 담긴 아기는 채 두 돌이 안 된 풋아기. 아낙은 절을 찾아 나선 길이었다. 넓고 넓은 나라더니만 절도 멀고멀었다. 가까운데 어디 없을까. 잠깐 잠깐 들러서 훨훨 쉬어 가면 좋겠다. 내려놓고 풀어놓을 곳 있으면 좋겠다.

그러다가 그만 길을 잃고 말았다. 이 길인가 저 길인가 헤매는데, 눈에 번쩍 띄는 것이 있었다. 아니, 아니 저것은? 찻길 옆에 부처님이 나와 계신다. 그 옆에 '불광선원 NY BULKWANG ZEN CENTER' 간판도 나란히 서 있다. 등잔 밑이 어둡다더니 바로 여기 절이 있었네. 이렇게 가까운 곳에….

아주 작은 절이었다. 기와도 단청도 없는. 게다가 돌로 지은 집이었다. 넓은 마당엔 잔디가 푸르고, 그 너머로 우람한 나무들이 감싸듯 서 있다. 겨우 노루꼬리만큼 찻길을 비켜섰을 뿐인데 깊고 깊은 산사 같다. 차를 세운 아낙은 성큼성큼 절로 들어갔다. 풋아기는 흔들리는 아기바구니 속에서 엄마의 목소리를 들었다.

'햇살도 참 따시네. 아가야, 너두 좋지?'

할머니는 햇곡식을 거두면 제일 먼저 공양미를 준비했다. 목욕재계하고 행여 침이 튈세라 조심하며 뉘를 고르고 깨진 쌀알을 골라냈다. 공양미를 머리에 이고 아직 푸르스름한 산길을 걸어 부처님 전에 올리는 지극함이 할머니의 신심이었다. 할머니의 할머니, 또 그 할머니의 할머니가 그랬던 것처럼. 그니까 부처님이 잠시 곤궁에 처했을 때 이런 할머니들이 있었기에 아직껏 살아남았는지도 모른다. 하지만 그런 할머니들은 겸손해서 그냥 이렇게 말하기도 한다. 남이 절에 가니 따라가고, 남이 절을 하니 그냥 따라하지 뭐. 잘 몰라.

그런 할머니를 흉내 내며 살았다. 그러던 어느 날 정말 할머니가 되었다. 할머니가 되니 시간도 많았다. 데이케어에 가느니 부처님 공부나 하며 살아볼까. 그래서 불교대학도 다니고 수계도 받았다. 새삼 학생이 되니 소녀 같은 감성도 살아났다. 그렇게 참 신나던 참이었는데 덜컥 미국행 비행기를 타게 되었다. 그의 나이 일흔 살. 떠나기 이틀 전 꼭두새벽, 봉은사에 가서 삼천 배를 올렸다. 한 절 한 절마다 온 마음을 다했다. 눈물인지 땀인지 흠뻑 쏟고 돌아오는데 저릿저릿 가슴이 아팠다. 이제 어디 가서 부처님을 다시 만나랴. 영영 이별인 듯 그렇게 슬플 수가 없었다.

쓸데없는 걱정이었다. 이사 간 집 우체통에 '대한불교조계종 뉴욕 불광선원'이라고 찍힌 봉투가 들어 있었다. 어찌나 반갑던지 그는 바로 집을 나섰다. 선명하게 찍힌 주소를 찾아가보니 과연 거기 절이 있었다. 봉투에 들어 있던 우편물은 불광선원에서 내는 소식지였다. 이런저런 소식이며 신도들 살아가는 이야기들을 담아내던 회보. 또 알고 보니 전에 살던 주인은 바로 불광선원의 신도였다. 기뻤다.

'세상에 이런 인연도 있구나. 관음보살 어머니 고맙습니다!! 고맙습니다!!!'

살아있다는 건 기적이다. 그도 그렇게 생
각한다. 이미 지나간 날도 그렇고 앞으로
살아갈 날도 그렇다고….

여섯 살 때 한국전쟁을 겪었다. 피난길에
부모님 손을 놓쳐서 고아 아닌 고아로 산
적이 있었다. 다시 만나긴 했지만 그때의
기억은 트라우마가 되어 생생하게 남았
다. 트라우마는 때때로 그를 두렵고 불안
하게 만들었다. 글 솜씨도 좋아 촉망 받
는 문재文才였지만 그는 그 길도 포기할
수밖에 없었다. 자신의 꿈을 위해 가족을
희생시킬 수는 없었기에….

미국 땅도 사바세계이긴 마찬가지였다.
당장 먹고사는 문제도 그랬고, 남의 눈에
눈물 빼려고 달려드는 놈이 있어 그랬다.
그가 마음 기댈 곳은 오로지 절이었다.

마이애미에서 살 때였다. 어느 날 절을 찾아 달려갔다가 큰 걱정을 보고 말았다. 밀린 고지서. 이것도 못 내고 저것도 못 낸 고지서가 쌓여 있었다. 그는 집에 돌아와서도 잠이 안 왔다. 어디든 누구든 삶의 현장은 가혹했다.

불광선원이 막 문을 열었을 때 연을 맺었다. 절에 오면 마음이 편했다. 영가를 위해 등을 올리고 하루에 만 번 지장보살을 정근했다. 환희심이 솟았다. 그는 생각했다.

'그럼에도 이렇게 살아있다는 건 기적이야. 가피의 힘이지!!'

눈이 오나 비가 오나 산을 사랑했다. 친구들과 땀 흘리며 산에 올라 눈을 씻고, 내려와 한잔 걸치는 막걸리 맛은 기가 막혔다. 아들이 미국 와서 손주 좀 봐달라고 했을 때 그는 당연히 거절했다. 이 좋은 걸 두고 내가 왜 거길?

내리사랑이라 했던가. 버티고 버티다 그는 끝내 미국 땅을 밟고 말았다. 미국 땅에 와서 월화수목금 닷새를 꼬박 아이들과 지냈다. 고물고물한 손주가 이쁘기야 이뻤다. 귀여운 것들이 무럭무럭 커가는 걸 보면 보람도 있었다. 그러면서도 그는 시름시름 쓸쓸했다. 산이 그리웠다. 내가 왜 여기 앉아 지나간 옛 사랑의 그림자나 찾고 살아야 한단 말인가. 내가 왜?

그는 깜짝 놀랐다. 산 그리다 찾아간 절에 산행부가 있다니…. 한국인에게는 산을 그리워하는 유전자라도 있단 말인가. 많은 사람들이 토요일이면 절에 모여서 차를 타고 가고, 산을 내려와서는 맛난 것을 먹었다. 게다가 미국에도 막걸리가 있지 않은가. 그는 이제 긍정적인 생각을 한다.

'이만만 하면 견딜 만해. 오유지족吾唯知足이지. 크윽!! 좋구나!!'

그는 뱃속에서부터 절에 다녔다. 내리 딸만 여섯인 집안에서 100일 기도 후, 그 기도발로 태어난 아들이었다. 그런 그였지만 제 발로 걸어 절에 가고 법문을 들은 것은 미국에 와서 처음이었다. 막상 절에 발을 들여놓자 많은 것이 변했다. 한국에서는 식구들을 절에 데려다 주고 데려오는 운전사였지만, 미국에서는 발가락을 삐었을 때도 108배를 멈추지 않는 사람이 되었다. 안거 때는 참선에 들고 마지막 1주일에는 잠 안 자고 정진도 했다. 그가 절에 들어가 보니 스님들이 용맹정진 수행을 했다. 어, 나도 사람인데 못할 게 뭐 있어? 그게 시작이었다. 따라해 보니 그랬다. 마음만 내면 누구나 참선을 할 수 있구만.

미국 사람들은 달랐다. 논리적으로 설득되어야 하고 그에 합당한 결과가 나와야 먹히는 사람들이었다. 동화 같은 이야기로는 종교가 될 수는 없었다. 맹목적인 신앙의 시대는 서서히 끝나가고 있었다.

미국 병원에서 머리 수술을 받은 환자가 제일 먼저 하는 것은 명상치료다. 마음을 가라앉히는 명상은 심리치료에 아주 효과적인 방법이다. 뉴저지에서 재활치료를 하는 의사가 그에게 들려준 이야기였다.

나는 날마다 명상을 하고 있다. 명상을 하면 행복하기 때문이다. 그의 딸이 회사에서 인터뷰를 할 때 들은 말이었다. 그 회사는 세계적인 회계법인이고, 그는 그 회사에서 서열 3위 자리에 있는 사람이었다.

모두 새삼스러울 게 없는 이야기였다. 그는 실제로 미국사회에 명상이 널리 퍼져있다는 사실을 알고 있다. 물론 대부분 사람들이 명상 그 자체를 할 뿐 종교적인 행위로 하는 게 아니라는 것도 안다. 그저 생활선이지만 그대로도 좋다.

그래도 그는 명상이 참선으로까지 이어지면 더 좋겠다고 생각한다. 부처님도 등창으로 고생을 했다. 과보는 누구라도 피해갈 수 없는 법. 그는 선정에 든다.

'어느 날 문득 해탈 지혜 깨치리라.'

휘광 스님은 밖을 내다보았다. 벌써 날은 어두워졌는데 나들이 간 보살들은 코빼기도 비치지 않았다. 재잘대며 잘 놀던 아이들은 풀이 죽은 모습이었다. 해는 지고, 엄마는 없는 아이들에게 배고프고 쓸쓸한 시간이 왔다. 괜히 마음씨 좋은 척 했어. 괜한 일을 했다구. 보내지 말았어야 했는데. 은근 부아도 나고 걱정도 됐다. 아이들은 졸졸 스님만 바라보고 있었다.

"오늘 하루는 놀다 와요. 날마다 후원에서 봉사하느라 얼마나 힘들었어."
"그래도 되겠어요, 스님?"
"그럼. 맘 푹 놓고 놀다 와요."

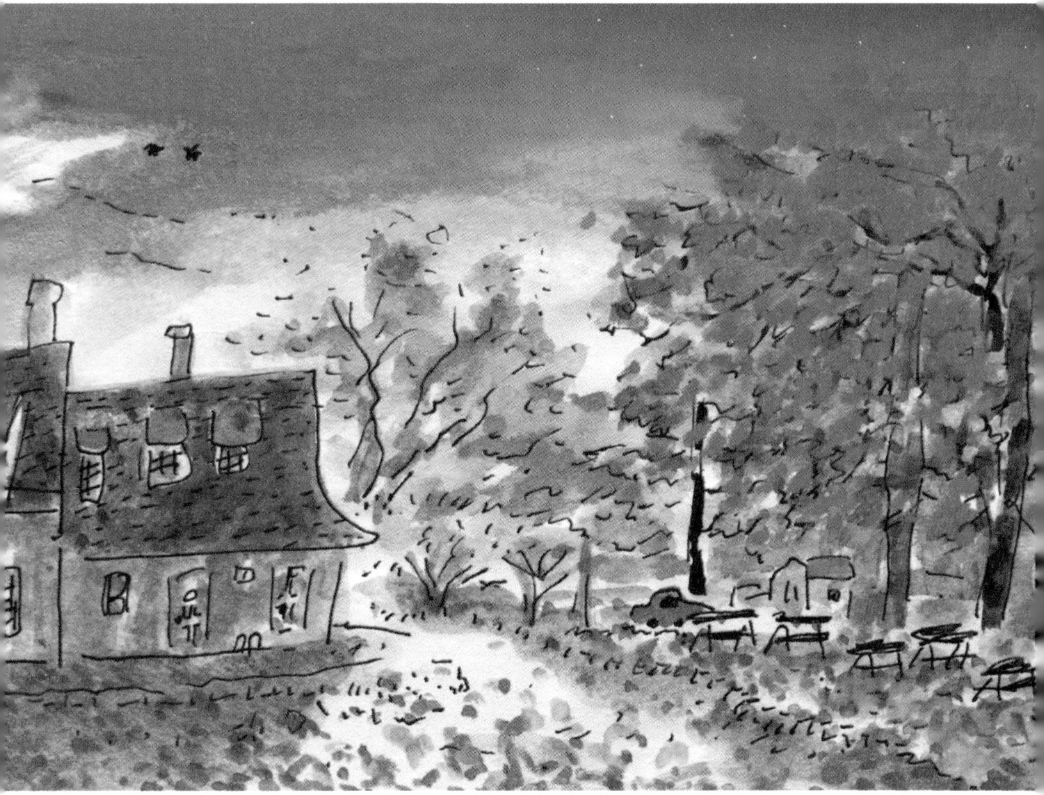

휘광 스님은 넉넉하게 인심을 썼다. 스님의 특별보너스였다.

나와 보니 그렇게 좋을 수가 없었다. 모처럼 나들이에 깔깔깔 웃고 떠들다보니 시간 가는 줄도 몰랐다. 깜박 날이 어두워져서야 알았다. 금세 해가 져버렸네. 하늘에는 스멀스멀 별이 기어 나오기 시작했다. 헉, 큰일 났다. 보살들은 퍼뜩 돌아온 정신으로 정신없이 달리기 시작했다.

"와! 밥이다!"
"스님이 해 주시는 밥은 처음 먹어봐요."
"나두 옛날엔 가끔 해줬어."
"누구한테요?"
"젊었을 때 중고등부 법사도 했거든. 그때 애들한테 라면 끓여준 적도 있어."
"어, 진짜요?"
"그럼, 진짜야. 아주 왕년이지만 말이야. 허허허."

스님이랑 아이들이랑 밥상에 둘러앉아 밥을 먹기 시작했다.
따끈따끈 밥 한 숟갈 먹고 김치 한 조각 먹고~
계란 부침 한 조각은 밥 위에 얹어 먹고~
김도 있네.
그렇담 이번에는 김에 싸서 한입에 꿀꺽~~
스님이랑 아이들이랑 뚝딱뚝딱 밥그릇을 비웠다.

"맛있어요."
"스님, 최고."
"허허, 허허. 잘 먹으니 다들 예쁘다."

허겁지겁 보살들이 돌아와 예쁜 아이들을 데리고 떠났다. 스님은 절을 한
바퀴 돌다가 아무도 없는 화장실에 켜진 불을 보았다.
'허허 참, 6·25사변 지난 지 얼마나 됐다고 사람 없는 곳에다 불을 켜 두
는지…. 이렇게 함부로 쓰면 큰일이야 큰일…. 우주도 화낼 일이라구.'
궁시렁 궁시렁 스님은 불을 끄고 이층 방으로 올라갔다.
적막강산이 된 불광선원 위로 와르르 별빛이 쏟아져 내렸다.

'반짝반짝 작은 별 아름답게 비추네.'

불광선원에 오면 공부를 시켜 주었다. 공부하고 싶은 스님이 오면 랭귀
지스쿨 보내주고, 더 잘하면 석사·박사 과정까지 공부를 시켜 주었다.
우주를 위해서, 불교의 내일을 위해서 기꺼이 하는 일이었다.

그렇다고 불광선원이 큰 부자는 아니었다. 미국에서 큰소리 좀 치고 산다는 사람은 기독교인인 경우가 많았다. 또한 고만고만 빠듯하게 들어오는 보시라 대개 절집 살림은 여유가 없는 편이었다. 불광선원도 그래서 공연히 힘쓰는 시주자도 없지만 삼시세끼 밥 챙겨주는 공양주 또한 없었다. 이리저리 끌려다니다 질척거릴 일이 애초부터 없는 셈이니 다행이라면 다행이었다.

대신 작은 손들이 모여 장학회를 만들었다. 개원하고 그 다음 해였다. 스무 명이 50불씩 십시일반 모아 놓으니 큰 산이 되었다. 마침 한국에는 IMF가 닥쳐서 유학을 하던 인재들이 곤란을 겪던 때였다. 장학회는 적으나마 아낌없는 지원을 시작했다. 하림 스님, 일미 스님, 혜민 스님, 일진 스님, 능원 스님, 진우 스님, 선문 스님, 문종 스님….

많은 스님들이 그 그늘을 지나 씩씩하고 당당하게 학문의 길, 수행의 길을 밝혀 나갔다. 하버드대를 나와서 박사가 되고 교수가 된 스님이 있는가 하면, 어떤 스님은 북 치고 바라춤 잘 추는 스님이 되기도 했다. 또 어떤 스님은 한국으로 돌아가 신행을 잘 이끌고 영어도 잘하는 주지스님이 되기도 했다. 인연이 다하면 그뿐 스님들은 흔적 없이 제 갈 길을 찾아 떠났다.

그러는 사이 우여곡절 끝에 큰법당 공사를 마치고 약사여래불을 모셨다. 그 뒤 777일 약사여래기도를 회향하고 나서야 빚을 모두 갚을 수 있었다. 휘광 스님은 아예 모든 장부를 다 내놓고 알아서 다 하라고 했다. 그때부터 절의 살림은 재무 담당이 맡아했다. 주지스님도 월급쟁이. 지금이야 1,500불이나 받지만 20년 전에는 500불이었다. 그때나 지금이나 여전히 한국에서라면 상상도 못할 일이었다.

토요일 오후, 관음전은 야단법석 시끄럽기 짝이 없었다. 불광선원 한국문화학교가 열리는 시간. 여기서 아이들은 한국말을 배우고, 한국문화를 배우고, 친구를 사귀었다. 하지만 이미 영어가 더 편하고 방바닥보다는 의자가 더 편한 아이들이었다.

"이순신 장군이 돌아갔잖아. 아니 죽으셨잖아."
"강동원 정말 멋지지."
"우리 엄마가 잡 때문에 못 왔어."

어쨌든 아이들은 끼리끼리 의사소통에 열심이었다.
아이들이 노는 동안 뒤에서 기다리던 두 아빠가 대화를 나누고 있었다.

"한국말을 잘하는 게 아주 중요하다고 생각해요. 저는 대학교를 여기 와서 다녔고, 제 아이들은 모두 여기에서 낳았어요. 집에서는 한국말만 씁니다. 우리는 한국 사람이니까요. 아이들이 한국말에 영어 단어를 섞어 쓰면 못 들은 척 대답도 안 해요. 자기가 누구인지 아는 건 아주 중요해요."

"그럼요. 흑인 대통령이 나왔지만 아직도 미국 주류 사회는 백인이잖아요. 주류 사회로 들어가기에는 여전히 장벽이 많은 게 현실이고요. 그런데 요즘 부쩍 한국인을 뽑는 기업이 늘었다지요?"

"그건 한국어 때문이라고 생각해요. 영어 잘하는 사람은 쌔고 쌨잖아요. 기업에서는 영어는 물론 한국어를 잘하는 사람이 필요한 거예요."

"그런데 요즘 외국어 학원에 보내는 한국 부모가 많다던데요?"

"그러니까 안타까워요. 미국에 와서도 외국어 교육에만 열을 올리는 사람이 많다니 참…. 중국어 학원, 일본어 학원, 스페인어 학원에 보내며 정작 한국어 교육에는 나 몰라라 하니 딱한 일 아닌가요?"

"아이들이 자라서 결정을 할 겁니다. 자신이 미국 사람인지, 한국 사람인지, 또는 두 나라 사람인지…."

"물론 그렇지요…."

두 아빠는 말끝을 흐렸다. 먼 훗날 일을 누가 안다 하겠는가. 아무튼 두 아빠는 토요일마다 한국문화학교에 아이를 데리고 나올 작정이었다.

아이들은 조잘조잘 지저귀고, 다리 아파서 드러눕고, 궁금해서 콩콩 뛰어다녔다. 그 틈바구니에서 아빠들도 질세라 소리 높여 떠들었다. 귀가 컸기에 망정이지 부처님은 하마터면 체면을 구길 뻔했다. 흠흠. 바로 그때였다.

"자 이제, 밥 먹을 시간~~!"

아이들이 놀며 공부하는 동안 엄마들은 후원에서 밥을 짓고 있었다. 아빠도 엄마도 아이도 밥상에 둘러앉아 꿀맛 같은 점심을 먹었다. 부처님 뱃속에서 꼬르륵 소리가 났지만 아무도 그 소리를 듣지 못했다.

드디어 범종이 왔다. 마침 불광선원이 스무 살을 먹는 해였다. 이제 불광선원에서도 대자대비 깊고 큰 범종의 울림이 퍼져나갈 것이었다. 여기저기서 축하해 주러 많은 손님이 왔다. 멀리 한국에서 수불 스님도 오고 애틀랜타에서 비구니 마야 스님도 왔다. 크고 작은 불사 때마다 도움 주시는 일행 거사님 내외도….

돌이켜보면 미국은 외로운 땅이었다. 그리운 게 많은 땅이었다. 어느덧 20년, 불광선원은 꼿꼿하게 늠름하게 스무 살이 되었다. 그 동안 사람들도 나이를 먹었다. 서른 살은 쉰 살이 되었고, 마흔 살은 예순 살이 되었다. 쉰 살은 일흔 살이 되었고, 예순 살은 여든 살, 일흔 살은 아흔 살이 되었다. 쉰 살이면 들어가던 일심회도 나이를 먹었다. 예순 살이 넘어도 눈치 보여 선뜻 발을 들여 놓기 어려웠다. 그 동안 멀리 떠나보낸 사람도 있었다. 가족같이 함께 지나온 세월이기에 깊은 슬픔을 함께 나눴다. 토요일이면 서로서로 전화를 걸어 안부를 물었다.

"내일 법회에 나올 거지?"

"아픈 데는 없지?"

"꼭 나와."

"그래, 꼭 나와."

나이 먹었다고 데이케어 가서 일없이 지내느니 절에 오는 게 최고라고 생각했다. 부처님 발아래 모여 외로움을 나누고 그리움을 달랬다. 차가 없으면 절 차를 타고 와서라도 말이다.

휘광 스님은 첫째가 어린이다. 한국을 넘어, 세계로 퍼지는 불교! 불교의 미래는 어린이에게 달려있다. 불광선원 마당에는 늘 어린이가 뛰어놀 것이다. 스무 해 전 바구니에 들려서 절에 왔던 풋아기는 스물두 살 성인이 되었다. 부처님의 발아래서 대학을 졸업하고 당당한 사회인으로 첫발을 내딛었다.

모든 것은 지나간다.
그리고 세월은 여전히 흐를 것이다.
하지만 불광선원,
여기 오면 항상 재밌다!!

뉴욕에 온 스님
가을스님 법정 스님

가을,
뉴욕은 단풍으로 물듭니다.
아름답습니다.

법정 스님이 뉴욕을 찾았습니다.
깊은 산속
벚나무 한 그루, 청매 향 한 자락에 끌려
여기서 한번 살아보면 좋겠구나 싶었던
그때처럼
스님은 단번에 뉴욕의 가을에 반했습니다.

늪지에 붙은 숲입니다.
크고 작은 나무들로 우거진 그 숲에는
사슴이며 노루도 함께 삽니다.
아이들이 뛰어놀다 가면
사슴이며 토끼가 와서 놉니다.
햇볕 한 줌 바람 한 줌이 졸다 갑니다.
우수수 꽃이 피고,
볕이 끓고,
우르르 단풍이 들고
잎이 집니다.
그렇게
봄, 여름, 가을, 겨울이 지나갑니다.
구름 일다 흩어지고
별빛 일어 흩어지고
허드슨 강가에 울리던 뱃고동소리도
멀리 달려온 기적소리도
모였다 흩어지는
그 숲에
불광선원이 있습니다.

오두막 작은 절 법당입니다.

작은 법당에 작은 부처님을 모시고 예불을 올립니다.

절을 하다가 머리가 닿고

좌선을 하다가 서로 무릎이 닿습니다.

조금 불편한 대로

비껴서고 돌아앉으며

사람들이 살고 있습니다.

중이 하나면 됐지 두 개가 왜 필요하냐고
수행자는 가진 것이 적듯이 생각도 질박해야 한다고
이 세상에 태어날 때 가지고 온 것도 없고
세상을 하직할 때 가지고 갈 것도 없다고
삶의 종점, 섣달 그믐날처럼 모든 걸 놓아두라고
언제든 떠날 수 있는 여행자로 살라고
본래무일물本來無一物
간소하게, 간소하게, 간소하게 살라고

입안에 말이 적고,
뱃속에 밥이 적고,
마음에는 일이 적어야 한다는 임제 선사의 말로

나는 가난한 탁발승이오.
내가 가진 것이라고는
물레와 교도소에서 쓰던 밥그릇과 염소젖 한 깡통,
허름한 담요 여섯 장, 수건,
그리고 대단치도 않은 평판뿐이라는 간디의 말로

길상사를 지을 땐
가난한 절이 그립다는 말까지…

온통
까칠한 듯 따끔한 듯한 법정 스님이 뉴욕에 왔습니다.
한가을에
숲속 오두막 작은 절
불광선원을 찾아왔습니다.

오두막 작은 절
마당 한쪽에 천막을 치니 드넓은 법당이 되었습니다.
법정 스님이 법문을 시작했습니다.

저는 법정 스님입니다.
큰스님이 아니고 그냥 법정 스님입니다.

삶을 아름다움으로 채우십시오.
아름다움으로 채워지는 삶은 행복합니다.

나쁜 짓 하지 말고 착한 일 두루두루 행해서
마음을 맑게 하십시오.

참고 견뎌 나가야하는 사바세계에서
종교는 친절과 배려입니다.

이에는 이로는 안 됩니다.
간디의 말처럼 다 눈 멀게 되고 맙니다.
몇 번을 두들겨 패고 초토화시킨다고 해도
증오의 생각이 사라지지 않는 한
테러는 지구상에서 사라지지 않을 겁니다.

톨스토이는
미국 사람들 당신들은 왜 '소로(Thoreau)' 같은 사람의 말을 듣지 않고
정치가나 군인의 말만 듣느냐고 했는데
19세기의 말이 지금도 유효합니다.

우리에게는
그립고 아쉬운 삶의 여백이 필요합니다.

법정 스님은 거기 모인 한 사람 한 사람에게
새 이름을 지어 주었습니다.
새 이름을 받은 사람들은 곧
부처님 제자가 되었습니다.

그리고
마침 그곳을 지나던
햇살과 바람은 큰 나무 작은 나무들에게
가지가지 단풍을 들였습니다.

"소로 영감!
법정이 왔습니다."

월든 호수를 찾은 법정 스님이
소로를 불러냅니다.

소로는
월든 호수 숲속에
손수 오두막을 짓고 살았습니다.

간소하게, 간소하게, 간소하게 살라!
제발 두 가지나 세 가지로 줄여라
백만 대신에
다섯이나 여섯까지만 셀 것이며
계산은 엄지손톱에 할 수 있을 만큼만 하라!

소로는
얽매임이 없는
자유로운 삶을 소중하게 여겼습니다.
기꺼이
커피나 버터, 양탄자를 버렸습니다.
기차 시간이 아니라
우주의 시간을 지키며 살고자 했습니다.

기차는 호수를 보기 위해 멈추지 않습니다.
소로는
자기의 북소리에 맞춰
자기의 길을 걸어간 사람이었습니다.

소로는
노래로 손님을 맞습니다.
그 옛날
오두막을 지을 때
기둥과 서까래를 다듬으며 부르던 그 노래입니다.

사람들은 많이 안다고 말하지만
보라!
그것들은 날개가 돋혀 날아가 버렸다
모든 예술과 과학이
그리고 무수한 발명품들이

바람이 부는구나
우리가 아는 것은 단지 그것뿐

생애 단 한번 뿐인
그날은 바람이 되어
월든 호수를 스치고 지나갑니다.

가을,
뉴욕은 단풍으로 물듭니다.
아름답습니다.

연꽃 만나고 가는 바람같이

섭섭하게,
그러나
아조 섭섭치는 말고
좀 섭섭한 듯만 하게,

이별이게,
그러나 아주 영 이별은 말고
어디 내생에서라도
다시 만나기로 하는 이별이게,

연꽃
만나러 가는
바람 아니라
만나고 가는 바람같이….

엊그제
만나고 가는 바람 아니라
한두 철 전
만나고 가는 바람같이….

– 서정주, 〈연꽃 만나고 가는 바람같이〉

미국의 불교

불교, 과학을 만나다

역사철학자 아놀드 토인비가 영국 런던의 옥스퍼드대학교 교수로 있을 때 이야기다. 한 학술회의에서 연설을 하고 질의응답을 받았다.

"아놀드 경, 당신은 가장 위대한 역사학자로 존경을 받고 있습니다. 만약 200-300년이 지난 후 미래의 사람들이 20세기를 돌아보면서 가장 중요한 사건을 꼽는다면 무엇이라고 생각합니까?"

토인비는 조금의 주저함도 없이 말했다.

"그것은 불교가 서양으로 건너와 기독교를 대체하는 일일 것입니다."

토인비의 예언은 적중했다. 지금 유럽과 미국, 그리고 호주 등 서구사회는 거대한 홍수처럼 불교와 명상 열풍이 불어 닥치고 있다. 지난 수 년 동안 〈뉴욕타임스〉가 소개하는 베스트셀러 10위 권 안에 불교와 명상 관련 서적이 빠진 예가 한 번도 없었다고 한다. 〈타임〉지 1996년 커버 스토리에는 미국 내 불교 신자 수가 적어도 1,000만 명이 될 것이라고 추정하는 기사를 썼고 미국의 사찰과 명상센터가 5,000여 개에 달한다고 소개하고 있다.

세계적인 석학이었던 알베르트 아인슈타인도 불교에 대한 다음과 같은 말을 남겼다.

"미래의 종교는 우주적 종교가 돼야 합니다. 그동안 종교는 자연세계를 부정해 왔습니다. 모두 절대자가 만든 것이라고만 해 왔습니다. 그러나 앞으로의 종교는 자연세계와 영적인 세계를 똑같이 존중한다는 생각에 기반을 둬야 합니다. 자연세계와 영적인 부분의 통합이야말로 진정한 통합이기 때문입니다. 나는 불교야말로 이런 내 생각과 부합한다고 봅니다. 만약 누군가 나에게 현대의 과학적 요구에 상응하는 종교를 꼽으라고 한다면, 그것은 '불교'라고 말하고 싶습니다."

"The religion of the future will be a cosmic religion. It should transcend personal God and avoid dogma and theology. Covering both the natural and the spiritual, it should be based on a religious sense arising from the experience of all things natural and spiritual as a meaningful unity. Buddhism answers this description. If there is any religion that could cope with modern scientific needs it would be Buddhism."

하지만 아인슈타인이나 토인비의 이런 태도는 서양인들이 일반적으로 보여준 태도는 아니었다. 그들이 살았던 20세기 초중반은 서양에 불교가 전래된 지 100년 남짓한 시대로, 이전까지 서양인들이 접한 불교는 염세적이고 사회 문제에 대해 소극적인 비관적 세계관으로 비쳐졌다. 또한, 자신들의 기존 종교인 기독교의 입장에서 볼 때 불교는 의구심을 가지고 바라볼 수밖에 없는 배타와 폄하의 대상일 뿐이었다.

그 이유는 초창기 서양에 불교를 소개한
사람들이 식민지 정책에 깊이 관여했던 관
료들이나 그들에게 도움을 줬던 학자들이
었기 때문이다. 이들은 자신들의 식민 정
책을 정당화하기 위해서 식민지 당사국들
의 미개함을 강조할 필요가 있었다.

서양에서 불교에 대해 진지하게 접근하기 시작한 것은 19세기 이후다. 동인도 회사의 관리였던 호튼 허드슨은 네팔에서 근무하다가 어느 네팔 불교학자의 도움을 받아 네팔에 보관중이던 산스크리트 문헌 400여 종을 모아서 런던과 파리 등지로 보내게 된다. 이때가 1824년이다. 당시 프랑스 대학에서 산스크리트어 교수였던 외젠느 부르누프(Eugene Burnouf)는 이 문헌을 접하고, 연구에 들어가 1844년에 마침내 서양 최초의 불교학술서인 《인도불교사입문》을 출판한다.

이때 이후 서구에서 불교에 대해 깊은 관심을 갖기 시작한다. 당시 서구가 이룩한 문명에 대한 반성과 비판에서 촉발되었다. 서구 문명이 태생적으로 가지고 있던 자연과 세계에 대한 정복 논리, 시장 논리와 무한경쟁, 물질만능주의 등에 대한 비판이 일어나면서 그 해결책을 불교에서 찾기 시작한 것이다. 불교는 니체나 헤르만 헤세, 칼 융 같은 철학자나 작가, 정신분석학자들의 사상을 위시해서 실존주의 철학사조 전반에 짙게 깔리게 된다.

미국의 불교 전개 양상

미국에서의 불교는 19세기 중후반부터 소개되어 전파되기 시작한다. 1850년대 중국계 이민이 철도 부설을 위해 들어오면서 자신들의 종교로 불교를 가지고 와서 이민사회 내부에서 퍼뜨리게 된 것이 처음이다.

얀 내티에(Jan Nattier)라고 하는 미국의 불교학자는 미국불교를 세 유형으로 나누었다. 즉, 수입 불교(Import Buddhism), 수출 불교(Export Buddhism), 수하물 불교(Baggage Buddhism)가 그것이다.

수입 불교는 말 그대로 수요자인 미국인들의 필요에 의해서 미국사회가 받아들인 불교다. 받아들이는 사람들의 취향과 필요에 의해서 아시아 각국의 다양한 불교가 수입되었다. 수출 불교는 공급자인 아시아 각국 불교종단의 필요에 의해서 보내진 불교다. 식민지시대 서구의 기독교가 아시아를 비롯한 식민지로 보내질 때처럼 공급자의 필요에 의해 대상지로 보내진 경우다.

마지막으로 수하물 불교 혹은 보따리 불교로 불리는 세 번째가 바로 중국계 이민이 처음 미국에 들어올 때처럼 이민 1세대가 보따리에 싸들고 들어온 이민불교다. 아시아 각 나라의 교민사회에서 끼리끼리 절을 만들어 고국에서와 같은 방식의 불교를 신행하는 것이다.

이 세 가지 불교는 더러 혼재된 모습을 보이기도 하지만 현재까지는 뚜렷한 특징을 보이면서 존재한다. 각자의 특징은 다음과 같다.

첫째, 수입 불교는 대개 미국 중상류층의 고등교육을 받은 사람들 사이에 퍼져나가서 다른 말로 엘리트 불교로 불리기도 한다. 새롭고 독특한 철학이나 사상을 찾다가 도서관이나 서점에서 우연히 불교서적을 발견하고 한동안 불교서적에 탐닉하다가 선이나 명상에 빠져들고 수련회나 강연회를 쫓아다니거나 비행기표를 사서 일본이나 태국, 미얀마나 한국의 선수행 프로그램을 체험하기도 한다.

한동안 아시아 각 나라의 선이나 명상을 체험한 이들은 미국으로 돌아와 선 센터를 설립해 운영하거나 출가해서 전문 수행자로 살기도 한다. 우리에게 잘 알려진 현각 스님도 이 부류에 속한다고 할 수 있다. 이 부류는 미국인 불교신자들의 가장 많은 수를 차지한다. 이들은 한국불교의 간화선이나 일본의 묵조선, 동남아시아의 위빠싸나 등 수행과 명상에 깊은 관심을 보이지만 사찰의 운영이나 자비의 실천 등에는 크게 관심이 없다는 특징을 보인다.

그렇기 때문에 이들을 달리 부르기를, 취침 전에 수행 관련 책을 읽을 뿐이라는 의미로 '침실 조명등 불교도'라거나 '책방 불교도', '구매자 불교도' 또는, 유명 스님이나 명상강의 등을 쫓아다닌다고 해서 '메뚜기 불교도'라 조롱해서 부르기도 한다.

둘째, 수출 불교는 일본의 창가학회가 대표적인 수출 불교 사례로 최근
한국의 원불교 교단도 비슷한 양상을 보이고 있다. 이 부류는 전부는
아니지만 대개가 사회 하층민인 흑인과 라틴계 중남미인, 혹은 동양계
미국인 등 유색인종 사이로 퍼져 나가고 있다.

셋째, 수하물 불교는 1850년대를 시점으로 중국이나 일본 이민자들이 미국사회로 건너오면서 가지고 온 불교다. 처음에는 철도나 교량 건설 노동자 혹은 하와이 사탕수수 재배 농민으로 들어왔지만, 1965년도 케네디 대통령에 의해 발효된 새 이민법 이후에는 광범위한 사람들이 이민 대열에 합류하면서 미국 내 다양한 계층에 속하게 된다.

이 이민불교의 사찰들은 이민자들이 미국사회에 적응하기 위한 중요한 거점 역할을 하기도 하고, 또 같은 언어를 사용하고 같은 행동양식을 공유하며 고국의 문화유산을 함께 나눌 수 있다는 점에서 문화공동체적 기능을 수행하기도 한다. 다만, 이민 1세대가 점차 사라지면 다음 세대까지 유지될지는 아직 미지수라고 할 수 있다.

미국 내에는 이름난 불교 전문잡지가 두 가지가 있다. 하나는 티베트불교에서 발행하는 〈샴발라 선〉 지이고 또 하나는 〈트라이서클(Tricycle)〉이다. 전자에 비해 후자는 앞서 설명한 세 가지 유형 가운데 첫 번째 수입 불교에 해당하는 사람들이 구독하는 잡지이다. 이 〈트라이서클〉 지의 정기구독자는 6만 명으로 알려져 있다. 이 잡지의 헬렌 트와코프 편집장은 정기구독자 6만 명 가운데 절반 정도는 자신을 불교신자가 아니라고 말한다고 한다.

정기적으로 참선이나 명상을 하고 평균 9년 이상을 불교 단체에 다니는 사람이 자신을 불교신자가 아니라고 말하는 것이 현재 미국불교 특히 수입 불교 불자들의 현실이다.

미국불교, 역사와 현황

미국불교의 역사는 앞서 밝힌 바대로 1850년대 중국계 이민이 들어오면서 함께 들여온 수하물 불교에서 시작되었다. 1853년경 샌프란시스코 차이나타운에 중국인에 의해 최초로 불교 사찰이 세워진 것이 시초라고 할 수 있다. 당시 미국 내 중국인 수는 2만여 명에 불과했다고 한다.

하지만 서부에 금광개발이 되면서 중국인 수는 기하급수적으로 늘어나서, 십 년 후에는 캘리포니아 전역의 중국인 숫자는 전체 인구의 1/10에 달했다고 한다. 여기에 일본 이민자들의 수도 점차 늘어나 미국 본토 내 아시아 각국의 불교 교세는 이미 든든한 뿌리를 내리고 있었다. 이들 초창기 수하물 불교의 교세는 각국 교포사회에 한정된 상태였다.

미국 내 불교가 급격히 신장세를 얻게 된 계기는 1893년 시카고에서 열린 세계종교의회(World Parliament of Religions)이다. 물론 이전에 미국사회 일각에서는 헨리 소로, 에머슨, 휘트먼 등 작가들의 작품 속에 불교를 비롯한 동양적 사유의 경향이 뚜렷이 나타나면서 다가올 변화를 짐작하게 했지만, 하나의 사건을 점찍어 뚜렷한 계기로 삼는다면 단연 세계종교의회의 역할이 가장 크다고 할 수 있다.

이 행사는 시카고 세계박람회의 일환으로 만들어진 것으로 불교뿐 아니라 힌두교, 자이나교, 시크교 등 아시아의 거의 모든 종교 지도자들이 초청되었다. 이 행사에서 가장 인상적인 성과를 남긴 사람은 스리랑카에서 온 다르마팔라 스님이었다. 그는 개막식 행사의 마지막 연사로 나서, "이 종교회의는 바로 인도에서 24세기 전에 일어났던 일이 재현"이라고 찬탄하면서 박수갈채를 받았다. 이 회의가 끝난 후 그곳에 참석했던 미국인 실업가 찰스 스트로스는 다르마팔라 스님에게 계를 받고 바로 불교에 귀의하기도 했다.

당시 이 행사에는 일본불교계에서도 많은 스님들이 참석했다. 정토진종이나 일련종처럼 일본을 대표하는 거대 종단에서도 참여했지만 천태종, 진언종, 조동종이나 임제종 등 선종에서도 참석했다. 그 가운데 일본 임제종 승려인 샤쿠쇼엔은 1893년 세계종교의회의 가장 큰 수혜자 같은 인물이다.

사실 샤쿠쇼엔은 종교의회에서 특별히 주목받는 인물은 아니었다. 종교의회가 끝난 후 미국 일리노이에 있던 '열린수레'라는 출판사 사장 폴 케이러스라는 사람이 샤쿠쇼엔 스님을 집으로 초대해서 새로운 총서를 기획하는 일을 도와달라고 부탁한다. 이때 샤쿠쇼엔 스님은 자신은 도움을 줄 수 없는 대신 제자 가운데 한 명을 소개하게 된다. 이 사람이 바로 스즈키 다이세츠이다.

스즈키 다이세츠가 미국사회 전반에 끼친 영향은 실로 막대했다. 그는 미국으로 건너가 임제종의 선불교 사상을 전파하게 된다. 낯선 사유방식이었던 선불교는 당시 기존의 사유방식을 부정하고 체제에 반항하던 히피 세대들에 의해 전폭적이고 열광적으로 받아들여졌다. 선은 이성주의의 엄격함과 관습적인 사고를 탈피하는 반이성주의의 상징이 되었다.

이제까지 서구사회를 지탱하던 기독교 유일신앙은 20세기 과학의 합리성에 의해 그 뿌리부터 흔들리기 시작했다. 이와 더불어 과학의 합리성에 부합하는 종교로서 불교는 미국사회 식자층에게 대안종교로 깊이 각인되기 시작했다. 그런 흐름의 선두에 서서 첨병과 같은 역할을 담당한 사람이 바로 스즈키 다이세츠였다.

이후 일본의 선불교 외에 아시아 각국의 불교도 속속 미국사회에 들어오기 시작했다. 중국불교의 경우 1959년 캘리포니아 북쪽 탈메지에 만불성사를 창건해서 사찰이자 재가신도들의 집단 거주 단지를 조성했다. 또한, 1978년에는 LA 교외에 대만 불광사가 후원해서 서래사라는 대규모 사찰이 창건되기도 했다. 대만불교는 서래사 인근에 'University of the West'라는 불교대학을 설립하기도 했으며, 이 대학은 현재 일반대학으로 인가를 얻어 대만불교 특유의 교육과 복지포교를 구현하고 있다.

티베트불교는 최근 미국불교에서 가장 활발한 활동을 보여 주고 있다. 1949년 티베트가 중국에 병합된 후 미국으로 이민 온 티베트인들이 주축이 되어 시작되었지만 달라이라마의 미국 내 영향력에 힘입어 가장 큰 세력을 확보하고 있다. 현재 티베트불교의 4대 종파가 모두 미국에 들어온 상태며 티베트불교 전통의 불화 그리기와 심리치료 등의 독특한 방식으로 미국사회의 주류층인 백인이 주된 신도로 자리잡았다.

마지막으로 동남아 각국의 테라바다 불교도 미국사회에 일찍이 스며들어 자신들만의 독특한 수행체계를 전파하고 있다. 초기에는 스리랑카 스님들이 주로 왔지만 지금은 라오스와 캄보디아, 태국, 미얀마 등지의 다양한 나라의 스님들이 들어와서 미국 현지인을 대상으로 한 위빠사나 명상센터를 운영하고, 각국의 고승들이 방문해서 미국인을 상대로 법문을 하는 등 활발한 활동을 보이고 있다.

미국인 재가 제자들을 길러낸 전통이 제법 오래되어 백인 제자들 중에는 스리랑카나 태국 등 현지에 가서 수련을 마친 후 미국으로 돌아와 일반인을 대상으로 한 명상센터를 운영하는 사람도 많다.

새로운 불교 모델의 창출

미국불교 역사는 이제 100년을 넘었다. 적어도 1970년대에 이후 미국 내에는 아시아의 모든 불교 종파들이 들어오고, 각 지역의 불교센터들에는 많은 불교 승려와 지도자들이 거주하고 있다.

미국은 불교에 있어 새로운 전망과 모색을 보여 주고 있는 개척지 같은 곳이다. 백인 중상류층을 대상으로 한 무수한 불교문헌들이 출판되고 읽히고 있다. 여러 대학 출판부는 물론이고 불교전문 출판사도 등장한 지 오래되었다. 팔리경전은 진작에 전체가 번역되어 출판되었고, 한역경전도 현재 일본계 불교전도협회에서 번역 중에 있다. 미국의 주요 20여 개 대학에서 불교학 전공과목을 개설해서 전공교수가 배치되었고 이들에 의해 200명이 넘는 박사 과정 연구 인력이 배출되었다.

미국불교는 초창기의 접목 혹은 맹아 단계를 넘어 이제는 질적 변화를 거쳐 한 차원 높은 곳으로 도약하는 단계에 이르렀다고 보인다. 미국불교는 아시아 각국에서 수입되었지만 미국불교만의 독특한 문화와 특징을 창출했다. 즉, 그들은 불교를 접하는 통로를 주로 책에 의지한다.

한 설문조사에서 미국 내 불교 신자들을 보사해 보니 전체 조사자 가운데 40%가 책을 읽고 불자가 되었다고 대답했다고 한다. 친구나 지인을 통해 접한 사람이 25%에 불과하며, 책과 친구를 동시에 통해 불교를 접한 사람이 9%여서 책과 관련된 비율이 50%에 가깝다. 책을 통해서 불교를 접한 사람들의 특징은 논리적이고 과학적인 사고의 결과로 불교를 선택했다는 점이다.

또한, 미국불자들의 특징 가운데 두 번째는 미국사회를 비롯한 서구사회 전반에 나타난 물질주의나 환경 파괴 등의 위기가 결국 동양에서 전래된 불교의 수행법과 이념으로 치유될 것이라는 믿음이다. 이런 두 가지 특징은 인류가 공통적으로 맞고 있는 문명사의 위기 속에서 이제까지의 흐름을 역류해서 다시 아시아로 유입될 가능성이 매우 높다.

불교는 본래 아시아 각국이 종주국이라는 자부심으로 미국에서 불고 있는 이런 새로운 바람을 외면한다면 멀지 않은 미래에 도태될 위기에 처할지 모른다.

숭산 스님 이후 한국불교는 숭산, 삼우 스님과 같이 수입 불교적 경향을 띤 활동도 있었지만, 이후 법안 스님을 비롯해서 도안 스님, 도범 스님 등에 이르러서는 이민불교에 머물고 있다. 지난 2011년 대한불교조계종에서는 해외특별교구 설립을 의결하고 그 첫 시험대를 미국 동부지구로 삼아 뉴욕 불광선원의 휘광 스님을 미주동부지구 교구장에 임명했다.

한국불교가 미국 땅에 발을 디딘 지 44년 만에 처음으로 종단 차원의 행정력을 투영해 본 순간이다. 미국은 더 이상 불교의 불모지가 아니다. 또한, 단순히 포교의 대상으로 볼 수 있는 곳도 아니다. 동양의 정신과 르네상스 이후 축적된 서구의 과학문명이 합쳐져 새로운 불교 운동의 양태가 움트고 있는 기회의 땅이 바로 미국이다.

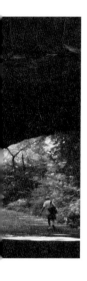

불광선원 스케치
세상 가장 평온하고 아름다운 절

뉴욕의 가을

뉴욕의 가을은 눈부시다.
오히려 브로드웨이나 타임스퀘어의 밤 네온사인보다도
가을날 센트럴파크나 허드슨 강변을
붉게 물들이는 단풍은 아찔할 만큼 현란하다.
가을엔,
맑은 공기 속 환하게 빛나는 나무가 뉴욕이다.
여름 내 경계 없이 녹색으로 뒤엉켰던 자신의 존재를
형형색색 동그라미로 드러내 그려 보인다.
지나는 배가 생생한 기적 소리를 가끔 토해내는
허드슨 강변 팔리사데스 하이웨이를 달릴 때면
양 옆으로 늘어선 붉은 참나무 숲이
산불처럼 뜨겁다.

2000년에 개봉한 영화 〈뉴욕의 가을〉(Autumn in New York, 2000)에서
중년의 바람둥이 윌(리차드 기어)은
불치병의 시한부 생명 어린 샬롯(위노나 라이더)을 만난다.
하룻밤을 보낸 다음 날 아침,
늘 그렇듯 '관계는 여기까지' 라며 떠나려 한다.
어린 여자는 말한다.
'내가 살 수 있는 기간 역시 얼마 되지 않아요.'
이들을 중재한 것은
뉴욕의 가을과 에밀리 디킨슨이다.

만약 내가
한 사람의 가슴앓이를 멈출 수 있다면
나 헛되이 사는 것 아니리
누군가의 아픔을 덜어줄 수 있다면
고통 하나를 가라앉힐 수 있다면
혹은 기진맥진 지쳐 있는 한 마리 물새를
둥지로 되돌아가게 할 수 있다면
나 헛되이 사는 것 아니리

– 에밀리 디킨슨

단언컨대,
누구든 가을 뉴욕을 거닐며
높고 푸른 하늘과 맨해튼 마천루
그리고 그 사이사이 용광로처럼 불타는 단풍을 본다면
가슴 속에 묻어둔 사랑이 다시 불붙을 것이다.

차가운 강가, 작은 절

타판, 미국 동부 인디언들의 말로 '차가운 강'이란 뜻이다.
인근 커다란 강이 이 땅을 처음 밟은 영국인
헨리 허드슨에서 따온 것과 비교할 때
타판은 토속적이고 정감 넘치는 이름이다.
뉴욕 맨해튼에서 조지워싱턴 다리를 건너
팔리사데스 인터스타테 하이웨이를 따라
30여 분 달리면 타판이란 표지판이 보인다.
고속도로에서 남쪽으로 빠져나와
303번 도로로 5분을 달리면
크라이슬러 부품공장을 지나
오른편에 불상 두 구와 석등이 보인다.

한글 '불광선원'과 영문 'Bulkwang Zen Center'가
사이좋게 나란히 서 있다.
20미터는 족히 되어 보이는 활엽수 사이로
진입로가 놓이고
그 안에 눈부시게 하얀 집이 있다.
2009년 새로 지은 법당 뒷벽이
눈이 시릴 만큼 하얗게 빛난다.
진입로 옆으로는 수백 년 된 캐나다 단풍 고목이
줄지어 서 있고, 그 아래
보랏빛 수국과 벗나무가 조화를 이루고 있다.

가끔 바람에 하늘 가득히 잎새가 나부낀다.
법당은 입구에 작은 종무소를 두고 1층
전체에 자리 잡았다.
아래층은 어린이 법회,
청소년 법회에 쓰이는
방 두 칸과 스님들의 숙소다.
지금은 선원장으로 모셔온
숭산 스님의 제자 미국인 대성 스님과
총무 문종 스님의 방이 그곳에 있다.

널따란 마당 대부분은 잔디밭이다.
새벽, 인근 숲에서 사슴이 놀러온다.
법당채 지나 가로로 놓인 건물이
새 법당이 지어지기 전 법당이자
스님 숙소로 쓰였던 관음전이다.
남북전쟁 당시 북군의 요새였던 곳이어서
200년도 훨씬 넘은 문화재다.
겉에서 볼 때는 작고 아담한 건물인데,
안으로 들어가면 법당과 요사와 식당
그리고 지하에 어린이법당으로 쓰던 넓은 장소까지
군데군데 공간이 넓게 열린다.
지하 공간은 하버드대학교를 나와
지금은 듀크대학교 교수로 재직중인
일미 스님이 어린이법당으로 꾸며서
교포 2, 3세 어린이를 대상으로 어린이 법회를 열었던 곳이다.

큰 바위는 어
떤 바람에도
그렇히 지 않
듯이 지혜로운
사람은 비난
과 칭찬에
흔들리지
않는다

불광스님께
法頂戱

법정 스님이 머물고 일미, 혜민 스님이 살던 곳

2층 요사채는 주지스님 방과 세 칸의 빈방이 있다.
가장 넓은 방이 법정 스님이 미국에 세 차례 방문했을 때
머물던 방이다.
주지스님 방에는 당시 법정 스님이 써 주신 글과
함께 찍은 사진이 액자에 걸려 있다.
주지스님 방 바로 옆에는
요즘 한국에서 활동 중인
주지스님의 상좌 혜민 스님이 출가해서
기거했던 방이다.
건물 끝 가장 넓은 창문이 있는 방이
일미 스님이 쓰던 방이다.
이 공간들은 두 스님이 없을 때는
하림, 정범 스님 등 한국스님들이
유학 왔을 때 쓰기도 했다.
혜민 스님은 이곳에 머물 때
소박하고 단출한 2층 다락방에서
작은 창문을 비집고 들어오는 햇살에 책을 비춰보며
공부하던 학인스님이었다.

바로 옆방, 깊은 밤이면 뒤척이는 소리마저 들릴 듯한
지척 거리에 은사스님을 모시고….
오래 돼 조심스레 디뎌도 삐걱거리는
2층 마루와 계단을 지나 1층으로 내려오면
공양간이자 식당이다.
겉모양은 미국식 주방이지만
커다란 전기밥솥과 냉장고 안을 가득 채운 식재료는
영락없는 한국식이다.
이따금 기차와 범선이 지나며
아득한 절규를 토해대고
그럴 때마다 파란 가을 하늘 가득
작은 잎새들이 나부낀다.

그 순간,
뉴욕 끄트머리 작은 절 불광선원은
세상에서 가장 평온하고
아름다운 절이 된다.

절집 이야기|4

헬로우 붓다

1판 1쇄 발행 2016년 5월14일

글 황찬익, 수경
사진 황찬익
그림 박준우
펴낸이 이태호
펴낸곳 클리어마인드

책임편집 김창현
디자인 서영석
인쇄 보현 P&P

출판등록 제 300-2005-54호
주소 서울시 종로구 수송동 58 두산위브파빌리온 1337호
전화 02-2198-5151
팩스 02-2198-5153

© 이야기공방 산사, 2016
이야기공방 산사는 산과 절에 관한 이야기를 기획하고 글과 사진, 그림 등으로 콘텐츠화해서
온라인과 오프라인상에서 독자들에게 전달하는 모임입니다.

ISBN 978-89-93293-40-1   04220
ISBN 978-89-93293-37-1   (세트)
값 18,000원